TOP!

De kracht van voelen en denken, hand in hand!

Silvia Schoonen-van Schooten

Colofon

Geschreven door:

Silvia Schoonen-van Schooten

Illustraties van:

Silvia Schoonen-van Schooten

Uitgegeven door:

Graviant educatieve uitgaven

© september 2016

ISBN 978-9491337819

Inhoud

Voorwoord

Lieve ouders, verzorgers en opvoeders,

In het dagelijks leven van een kind zijn constant prikkels en invloeden.
Thuis, op school, bij sport en in de media komen zij in aanraking met
verschillende normen, waarden en verwachtingen waar ze aan moeten
en of willen voldoen.

Als kinderyogadocente en als moeder ervaar ik dat veel jonge kinderen
onzeker zijn over zichzelf. Het proces van conditionering is inherent aan
opvoeden maar brengt ook lagen over de ziel aan waardoor de echte
"ik" van een kind kan ondersneeuwen. Doe ik het goed? hoor ik er bij?
wat wil de ander en wat wil ik zelf? Zijn vragen die in mijn yogalessen
regelmatig voorbijkomen. Dat kan leiden tot piekergedachten, innerlijke
onrust en zelfs tot lichamelijke klachten.

Volgens de natuurgeneeskunde is de buik het centrum van de emoties.
Een soort "opslagplaats" voor alle prikkels en invloeden. Soms zit een
kinderbuik zo "vol" van onrust en of onzekerheid dat een veelgenoemde
klacht buikpijn is. Ik merk dat het kinderen helpt hen tools te bieden
om die onzekerheid om te buigen tot iets positiefs.
Een krachtige positieve gedachte.

"**TOP!**" is een boek waarin op kindniveau kennis wordt gemaakt met de kracht van de samenwerking tussen gevoel en verstand/het denken. Vaak zijn het onze gedachten, bij een situatie, die maken hoe we ons voelen. Kinderen zijn zich meestal (nog) niet bewust van dit fenomeen. Voor hen is het vaak de situatie (bijvoorbeeld een ruzie met een klasgenootje of oorlogsbeelden op het jeugdjournaal) welke hen een rotgevoel bezorgt. Ze realiseren zich niet dat het de gedachte over deze situatie is (bijvoorbeeld nu wil ze geen vrienden meer met me zijn of straks komt er ook oorlog in Nederland) welke het rotgevoel veroorzaakt. De bewustwording van een negatieve gedachte, het onderzoeken van die gedachte en deze leren ombuigen naar iets positiefs kunnen van waarde zijn voor de ervaring van een blij gevoel en een minder "volle" buik.

Allereerst leer ik het kind afstand te nemen van de gebeurtenis. Dit doe ik middels het leren een "vogel te zijn". Een vogel symboliseert letterlijk van buitenaf naar de situatie kijken. In vrijheid alle lagen van conditionering en patronen loslaten. Onder al die lagen zit de meest pure vorm van waarnemen. Als je op afstand kijkt naar wat er gebeurt is het eenvoudiger om gedachten te analyseren. Tevens geeft deze vrijheid ruimte voor positieve inzichten.

Dit positief leren denken heb ik in drie "**TOP!**" stappen geformuleerd. Een voor kinderen makkelijk te onthouden term en overal en altijd toepasbaar:

Test:

-is het waar wat ik denk?

Onderzoek:

-vind ik deze gedachte fijn?

-helpt deze gedachte mij?

-wat vind ik wel een fijne gedachte?

Pas toe:

-ik denk aan deze fijne gedachte

Vaak kan stap 1. door het kind met "nee" beantwoord worden en blijkt, soms na wat doorvragen, de gedachte meer een angst, aanname of veronderstelling te zijn. Wanneer stap 1. wel met "ja" beantwoord wordt is het toch belangrijk om alle "**TOP!**" stappen af te lopen omdat het kinderen zo kan leren dat je altijd positieve gedachten kan blijven bedenken en toepassen.

Bij stap 2. zullen veel kinderen inzien dat ze de gedachte van stap 1. helemaal niet fijn vinden. Dat het ze niet helpt om dit te denken. Niks hebben aan deze gedachte. Wanneer het kind een andere fijne gedachte bedenkt en deze toe past, stap 3., zal dat (soms na enige tijd herhalen) een positief gevoel opleveren. Het kan helpen om de fijne gedachte op te schrijven, liefst door het kind zelf, op een mooi versierd kaartje of in een dagboekje. Hoe vaker het kind de fijne gedachte ziet en er aan denkt hoe beter het werkt.

Vanzelfsprekend kan "**TOP!**" per situatie, per moment en per kind verschillen. Per slot van rekening heeft niet elke situatie, elke moment, elk kind een zelfde emotie en/of gedachtegang.

"TOP!" is maatwerk en het is van belang dat een kind zelf gestimuleerd word om de gedachten te onderzoeken. Daarmee bedoel ik dat het zijn doel voorbij schiet wanneer u als volwassene de gedachten invult. Vooral bij stap 2, het bedenken van de fijne gedachte, is het essentieel dat het kind hier zelf een actieve rol in heeft. Een kind weet over het algemeen heel goed wat het nodig heeft.

Geen sociaal wenselijke maar eigen behoeften worden in beeld gebracht.

Uiteraard is het niet mijn bedoeling om de gevoelens van een kind te bagatelliseren. Mijn visie is dat je door "**TOP!**" een kind juist uiterst serieus neemt. Doordat je het gevoel respecteert (het mag er zijn) en de gedachte onderzoekt, laat je het kind volledig in zijn waarde.

Je reikt hen de middelen naar de schat die in hen zelf verborgen ligt en geeft zo erkenning en respect.

Positief leren kijken en denken helpt ieder kind in hun reis die "het leven" heet. Een verrijking voor alle kinderen om ze een kijkje in zichzelf te geven en de kracht van hun eigen gedachte laat ervaren. Dat geeft niet alleen zelfinzicht maar ook zelfvertrouwen.

En dat voelt **TOP!**

Met bovenstaande als uitgangspunt zijn de personages en het verhaal van Yogi en Stip ontstaan. Ik hoop dat het kinderen en hun ouders/verzorgers/opvoeders een hulpmiddel voor een positievere blik op het leven kan bieden. Dat het "voer" mag zijn voor mooie gesprekjes, humor, inzicht en ontwikkeling. Uiteraard heeft dit boekje niet een uitsluitend educatieve functie.

Ik wens een ieder bovenal heel veel liefdevolle (voor)leesmomentjes!

Met liefdevolle dank aan

Alle (yoga)kinderen die ik in mijn leven heb mogen ontmoeten en mij hebben laten genieten van hun puurheid, hun oprechtheid en heldere kijk op het leven. Kinderen hebben zoveel moois te bieden. Zij navigeren vanuit het hart en dat is in mijn beleving de belangrijkste gids in je leven. Ook bedank ik Hanneke omdat ze me met haar kritische blik aan het werk heeft gezet. Natuurlijk Marco omdat hij me de ruimte heeft gegeven met dit boekje bezig te zijn.

Bovenal bedank ik mijn twee grootste inspiratie- en leerbronnen: Sebas en Lot. Keer op keer geven zij me een kijkje in hun ziel. Mag ik deelgenoot zijn van hun reis door het leven. Hun gids laat me paden bewandelen waar ik nog nooit geweest was. Waar ik het bestaan zelfs niet van wist. En waar ik zonder hen waarschijnlijk ook nooit gekomen was. Ze houden mij een spiegel voor, geven elke dag stof tot nadenken en laten me lachen.
Ik voel me dankbaar voor alle mooie, soms ook moeilijke maar altijd intense momenten!

Tot slot wil ik vermelden dat dit boekje niet wetenschappelijk onderlegd is. Wanneer u als ouder, verzorger of opvoeder zorgen heeft over een kind adviseer ik u naar een huisarts te gaan. Buikpijn (of andere klachten) kunnen zeer uiteenlopende oorzaken hebben. Om "**TOP!**" tot een succes te laten zijn is het van belang dat alle medische oorzaken zijn uitgesloten.

Succes en veel (lees)plezier!
Liefs Silvia

Yogi

Toen Yogi nog een baby was ging bijna alles vanzelf.

Een baby hoeft nog niet zoveel.

Het drinkt zijn flesjes leeg, ligt wat om zich heen te kijken en slaapt.

Meestal slaapt een baby veel.

Bij Yogi was dat anders.

Yogi wilde niet slapen.

Tenminste, zo leek het.

Zodra hij in zijn wiegje lag huilde hij.

Spartelde druk met zijn armpjes en beentjes.

Zijn papa en mama wilde hem graag troosten.

Elke avond liepen ze met hun kleintje op de arm.

Dat vond Yogi fijn.

Dan werd hij weer rustig.

Uiteindelijk viel hij elke avond zo in slaap.

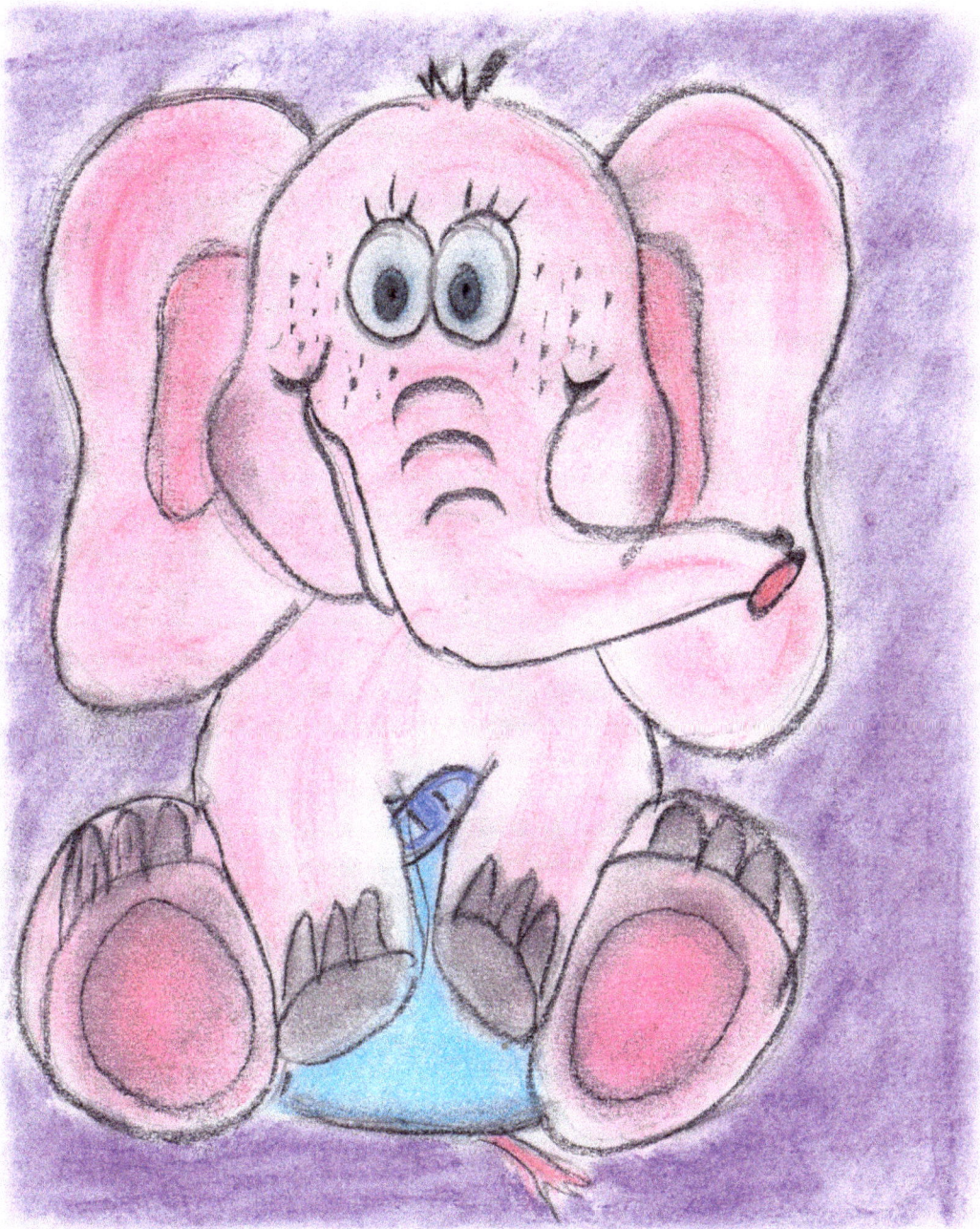

Toen Yogi groter werd, te zwaar voor papa en mama om de

hele avond te dragen, legde ze hem bij hun in het grote bed.

Mama zong dan liedjes.

Ze bleef bij hem, net zo lang tot hij sliep.

Als papa liedjes zong ging Yogi ook niet slapen.

Papa's stem zoemde tijdens het zingen.

Dat vond Yogi niet fijn.

Het was dan net alsof papa een bije-beest had ingeslikt.

Yogi hield niet van bije-beesten.

Hij was er een keer door geprikt en er sindsdien bang voor.

Zou dat echt kunnen een bije-beest inslikken?, had Yogi

zich wel eens afgevraagd.

Voor de zekerheid bleef hij uit de buurt van die grote gele bloemen.

Daar zag hij ze altijd.

Heel veel van die dikke, oranje-zwart gestreepte,

zoemende bije-beesten bij elkaar!

Papa kon wel heel fijn verhalen vertellen, vond Yogi.

Soms vertelde hij over vroeger.

Van toen papa zelf nog een kind was maar al wel groot genoeg

om met opa mee te gaan naar de grote groene vallei.

De grote groene vallei waar de hoge rotsen zijn en andere wilde dieren.

Waar de smalle beek overgaat in het grote blauwe meer.

Waar het groene gras zoet en sappig is.

Waar altijd avonturen te beleven zijn.

Maar waar ook gevaar is en alleen de grote dieren mogen komen.

Yogi begreep het niet.

Hij was toch ook groot?

Mama had laatst zelf gezegd: "jongen wat ben je toch al groot!".

Aan de ene kant wilde Yogi ook graag mee als papa

elke de ochtend vroeg vertrok.

Zo vroeg dat de zon nog nauwelijks te zien was.

Zo vroeg zelfs dat de druppels nog op de bladeren lagen.

Want dan, juist dan vond Yogi het buiten zo fijn!

Weet je waarom?

Als hij in die druppels keek zag hij zichzelf heel bol!

Dat vond Yogi zo grappig!

De geuren waren in de ochtend ook zo fijn, vond Yogi.

Later op de dag, wanneer de wind warmer werd,

waren de geuren ook warmer.

Een beetje muffig ook.

Dat vond Yogi niet fijn, warme wind en muffige geuren.

Hij hield juist van de frisse ochtend lucht!

Het allermooist vond Yogi de geluiden in de ochtend.

Alleen in de héle vroege ochtend was het zingen van het

oranjeborssuikerbekkie te horen.

Een hoog scherp geluid en al van verre herkenbaar.

Het tjirpen van de krekels was in de ochtend op zijn scherpst.

Je kon zelfs het kabbelen van de beek vanuit je bed beluisteren.

Prachtig vond hij dat!

Aan de andere kant was Yogi ook opgelucht dat hij nog niet mee

mocht naar de vallei. Yogi hield niet van gevaar.

Hij was liever voorzichtig.

Hij keek graag een beetje "de kat uit de boom".

Zo noemde mama dat als ze Yogi wat afwachtend vond.

Hij verkende de wereld op zijn eigen manier.

Leek daar geen andere olifanten bij nodig te hebben.

Hij speelde nauwelijks met ze, ging zijn eigen gang en

vermaakte zich prima.

De andere olifanten begrepen dat niet altijd.

De meeste olifantenkinderen hadden vaak een speelafspraak.

Yogi niet.

Hij speelde sowieso niet vaak met de jongens.

Die deden te wild, vond Yogi.

Met Yogi en de meisjes ging het beter.

Stoer zijn, net als Len, dat wilde Yogi graag!

Zijn grote dappere neef Len.

Maar ja, hoe doe je dat?

Len mocht sinds kort wel mee naar de vallei.

"Cool !", noemde hij dat!

Yogi wist niet wat dat betekende…"Cool !"…maar het klonk zo stoer

en het maakte hem nog nieuwsgieriger naar de vallei dan hij al was.

Len zei dat hij nooit bang was.

Len ging altijd overal op, onder en overheen.

Len was ook razendsnel.

Hij had altijd blauwe plekken en overal schaafwonden.

Soms zelfs met bloed maar Yogi had hem nog NOOIT zien huilen!

Als Yogi viel of bloed had kwamen er altijd tranen.

Zelfs als hij het écht niet wilde.

Len werd ook altijd als eerste gekozen bij slurfje-tik.

Yogi altijd als laatste.

Eigenlijk zou hij liever helemaal niet meedoen met slurfje-tik.

Yogi hield niet van wedstrijdjes.

Hij voelde altijd heel rare bubbels in zijn buik bij wedstrijdjes.

De anderen renden druk door elkaar en Yogi had geen idee wat

er zo leuk was.

Juf had gezegd dat het goed voor hem was om wel mee te doen.

Dat het belangrijk was voor zijn ontwikkeling.

Yogi vond dat een raar woord : "ONT-WIK-KE-LING"

Alsof hij ergens ingewikkeld was en daar weer uit moest zien te komen.

Hij had mama gevraagd wat dat betekende: ont-wik-ke-ling.

Mama had het uitgelegd.

Het was iets met "leren en groter worden".

Maar Yogi had er niks van begrepen.

Bovendien klonk het zo saai dat Yogi na twee zinnen al was afgeleid

door een kleine groene sprinkhaan die door een kier van de vensterbank

kroop.

Kortom, nog geen vallei voor Yogi.

Voorlopig ging hij iedere morgen een beetje grazen op de weide.

Een soort kleine vallei maar dan voor de mama's en de jonge dieren.

De ontmoeting met Stip

Het begon als een heel normale ochtend.

De papa's en de grote jongens waren al vroeg vertrokken naar de vallei.

De mama's en de jonge dieren gingen naar de weide.

Het leek dus een doodgewone dag te worden.

Toch voelde Yogi zich vandaag een beetje anders.

Al wandelend op weg naar de weide merkte hij dat er,

net als de laatste tijd steeds vaker, "iets" in zijn buik zat.

Iets wat borrelde, bubbelde of soms zelfs een beetje pijn deed.

Het was geen fijn gevoel, vond Yogi.

Even schrok hij.

Hij zou toch niet per ongeluk ook een bije-beest hebben ingeslikt?

Voorzichtig, zonder dat de kudde het merkte,

mompelde hij wat in zichzelf.

Nee, gelukkig geen zoemstem, dus dat kon het niet zijn.

Moest hij soms een poep doen?

Even drukken.....prrrrr.

Wel een windje maar geen poep.

Wat was dat gevoel in zijn buik dan wél?

"Yogi, kom nou jongen!" hoorde hij zijn mama roepen.

Opeens merkte Yogi dat hij helemaal achterop de kudde was geraakt

en holde snel naar zijn moeder om de weg naar de weide te vervolgen.

Daar aangekomen was hij het buikgevoel alweer een beetje vergeten.

Yogi had, net als anders, reuze zin om de natuur te ontdekken.

Yogi was dol op de natuur!

Vooral op dieren!

Alle soorten dieren! (behalve bije-beesten natuurlijk).

Elke mier op de weide had hij inmiddels bestudeerd.

Voor elke salamander een hoofdkwartier gebouwd.

Heel wat kevers van de verdrinkingsdood gered.

Wat kon hij vandaag eens doen?...

Eerst maar eens naar de beek.

Een rustige smalle beek vol met kiezels en keien.

Af en toe een waterplant.

Glashelder en ondiep.

Het water was koud, ijskoud.

Perfect om even wat verkoeling te zoeken tijdens warme dagen.

Met een stok wat te spatten.

Of juist heel stil te zijn en naar een school met kleine vissen te kijken.

Vissen die zo grappig in groepjes achter elkaar aan zwommen.

Uren kon Yogi turen naar de bewegingen van deze kleine snelle dieren
die vluchtig van links naar rechts door het water schoten.
Zouden ze ook slurfje-tik doen? had Yogi zich wel eens afgevraagd.
Of zou het bij hen vinnetje-tik heten?

Terwijl Yogi zo een beetje stond te dagdromen waren de

andere olifanten druk in gesprek met elkaar.

Ze kibbelden en kletsten er op los.

Sari, Tobi en Kali waren ook olifantenkinderen uit de kudde.

Zij konden het heel goed met elkaar vinden.

Ze waren eigenlijk altijd samen.

Met z'n drieën hadden ze veel plezier.

Ook nu, terwijl Yogi bij de vissen was, hoorde hij hoe

de drie vrienden in de verte de grootste lol hadden.

Plots werd Yogi opgeschrikt door een geluid.

"Psst... " hoorde hij.

Yogi keek om zich heen maar zag niets.

"Psst... " hoorde hij weer, nogmaals keek hij maar er was

toch echt niks te zien.

Vast een grapje van Sari, Tobi en Kali, dacht Yogi.

Ongestoord keek hij verder naar een school kleine blauwe

guppies die in kringetjes achter elkaar aanzwommen.

Maar wat was dat??...

In de weerspiegeling van het water zag Yogi niet alleen

zijn eigen spiegelbeeld.

Hij zag ook iets anders!

Hij zag iets op zijn schouder!

Daar zat iets!

Een stip!

Een kleine rode stip!

Yogi schrok!

Verbeelde hij zich dit?

Had hij zich vanochtend niet goed gewassen?

Zat er soms een bes van het ontbijt op zijn schouder geplakt?

Hij keek nog een keer goed in het water.

Ja hoor, het zat er écht!

Wat was het? en nog veel belangrijker wat deed het daar op

zijn schouder?

Voorzichtig keek Yogi naar opzij.

"Hoi" klonk het plots.

Nu schrok Yogi nog heviger want was het die rare rode stip op

zijn schouder die tegen hem praatte!?

"Ja hoooi! " klonk het nogmaals.

Yogi stond als verstijfd!

Hij wilde het liefst wegrennen maar dat lukte niet!

Vastgeplakt leek hij: kon geen poot verzetten,

geen slurf verroeren.

Yogi wist niet wat hij moest doen.

Het enige wat hij wel wist was dat zijn buik bubbelde en borrelde zoals het nog nooit eerder gebubbeld en geborreld had!!

"Halloooo…ik praat tegen je! " hoorde Yogi.

Yogi, wilde dit niet!

Hij had geen zin in dit praatje!

Dit kon ook helemaal niet!

Maar toch gebeurde het!

Wat nu?

Hij had van papa geleerd dat het beleefd was om iets terug te zeggen wanneer iemand je groet.

Hij nam zich voor om de stip dus snel gedag te zeggen en er daarna vliegensvlug vandoor te gaan.

"Dag" zei Yogi heel zacht en verlegen, hij voelde zijn wangen warm en rood worden.

"Dag, ik heet Stip" zei de stip nog voor dat Yogi zich kon bewegen.

Ik wil dit niet!! dacht Yogi weer.

Maar papa had hem ook geleerd dat wanneer iemand zich voorstelde dat hij dan netjes zijn naam moest zeggen.

"Ik heet Yogi" zei Yogi heel voorzichtig zacht en bijna onverstaanbaar.

"Ja gekkie" grinnikte de stip, "dat weet ik toch".

Hoezo? dacht Yogi.

Hoe kon dat ding wat opeens verscheen, ongevraagd op zijn schouder zat en tegen hem begon te praten, nu ook nog eens zijn naam weten?!

"Ik ken je al heel lang hoor", zei Stip.

"Ik ben altijd al bij je" ging Stip verder.

"Ik weet wat je denkt, doet en voelt".

WAT?! HO! WACHT! STOP!

Yogi was inmiddels lichtelijk in paniek!

Ik wil niet dat er zomaar iemand de hele dag bij me is,

op mijn schouder zit en tegen me praat dacht hij.

Yogi had dit nog niet gedacht of Stip zei;" dat weet ik toch Yogi, ik weet

waar jij wel en niet van houdt, zoals ik al zei: ik ken je al heel lang".

"Jij zag en hoorde mij niet maar ik zag en hoorde jou wel".

"Ik ben er om je te helpen, je hoeft niet bang te zijn want ik ben

een vriend!" zei Stip.

"Jij hoorde en zag mij? jij bent een vriend?" herhaalde Yogi verbaasd.

"Maar waarom? waarom wil jij mijn vriend zijn?"

"Ik **wil** het niet zijn" zei Stip.

"Ik **ben** het!"

"Ik geloof je niet" zei Yogi.

"Oh nee?" zei Stip.

"Dan zal ik het bewijzen!"

"Bewijzen? hoe dan?" vroeg Yogi.

"Vraag mij maar iets"

"Iets wat alleen jij kan weten, dan zul je zien dat ik het ook weet"

stelde Stip voor.

"Maar dan spreken we af", ging Stip verder, "dat wanneer ik het goede

antwoord weet, dat jij me dan vertrouwd".

"Goed, afgesproken!" zei Yogi.

Yogi dacht diep na.

Het moest iets zijn wat niemand kon weten.

Iets wat hij nog nooit aan iemand verteld had, een geheim.

Want als Stip zelfs zijn diepste geheimen kende dan was er geen

ontkomen meer aan.

Dan moest dit wel ware vriendschap zijn.

"Ik weet iets" zei Yogi.

"Kom maar op" zei Stip.

"Wat is mijn geheim?" vroeg Yogi.

"Ha! makkie" zei Stip.

Hij begon te fluisteren, zodat niemand het zou horen, en zei:

" je bent verliefd op Kali".

Yogi was verbaasd en opgelucht tegelijk.

Dit betekende dat Stip inderdaad alles van hem wist.

Nog nooit had Yogi aan iemand verteld dat hij Kali de mooiste,

de liefste en de aardigste olifant van de hele kudde vond.

En ze rook ook zo heerlijk!

Nu Yogi aan haar dacht voelde hij hoe warm hij het kreeg en

hoe zijn wangen gloeide.

Opgelucht was hij omdat hij dit geheim eindelijk met iemand kon delen.

En nog wel met een vriend!

Een échte vriend!

Die altijd bij hem was geweest en dat ook altijd zou blijven.

Verjaardag

Nadat Yogi een beetje was bijgekomen van de schrik, en Stip nog altijd even rustig en kalm op zijn schouder zat, merkte hij iets.

Dat gekke gevoel in zijn buik was weg!

Dat gevoel wat daarnet zo heftig was dat hij er bijna van moest huilen.

Dat gevoel wat er de laatste tijd steeds vaker was en waarvan papa had gezegd:

"We gaan wel even naar de dokter"

"Als jij zo vaak pijn in je buik hebt is dat niet goed"

Daarna had Yogi er niet meer over gepraat want als hij aan de dokter dacht werd dat buikgevoel alleen maar erger!

De dokter was een aardige man, dat wel.

Toch wilde Yogi er niet heen.

Dat was gekomen na wat Sari hem laatst had verteld.

Sari was ook naar de dokter geweest.

Ze had ook pijn in haar buik.

Ze had verteld dat de dokter ging bloedprikken.

Dat wilde Yogi niet, bloedprikken!!

Hij had dat een keer op tv gezien.

Alleen die naald zag er al zo eng uit!.

Sindsdien had hij besloten niet naar de dokter te gaan.

Stel je voor dat de dokter bij hem ook bloed wilde prikken?!

Nee hoor, dat ging mooi niet gebeuren.

Sari had ook gezegd dat die naald héél erg pijn deed.

Sari had vaak van die vervelende en enge verhalen.

Yogi hield niet van vervelende of enge verhalen.

Ook daar kreeg hij een raar gevoel van in zijn buik.

Daarom vond Yogi Sari niet leuk.

Als hij haar zag, kwam dat gevoel in zijn buik gelijk.

Er was ook nog iets anders wat hij irritant aan haar vond.

Sari zei altijd dat ze alles leuker, mooier, beter en groter had.

Yogi begreep niet waarom ze dat zei.

Trouwens het was niet eens waar!

"Dat noem je opscheppen" had mama uitgelegd.

Ook weer zo'n raar woord vond Yogi : "OP-SCHEP-PEN!?"

"Dat doe je toch met het avondeten op je bord?" had Yogi gezegd.

Mama had gelachen en uitgelegd dat opscheppen ook een soort van

stoer doen was.

Pffff... soms begreep Yogi er niks van wat anderen bedoelden.

Één keer had Yogi het gedurfd om er iets, tegen Sari, van te zeggen.

Van dat "OP-SCHEP-PEN".

Dat was die keer toen hij op zijn 4e verjaardag van papa en mama een fiets had gekregen. Een groene fiets met zijwieltjes.

"Het wordt wel eens tijd dat Yogi leert fietsen" had hij papa tegen mama horen zeggen.

Yogi begreep niet waarom.

Hij zat toch fijn bij mama achterop?!

Hij wilde helemaal geen fiets.

Fietsen vond hij stom.

Met fietsen kun je vallen!

Heel hard vallen!

Dat had hij zelf bij Len gezien.

Die was knetter hard gevallen.

Broek kapot, knie kapot en bloed erbij.

Nee hoor dat wilde Yogi niet!

Maar ja, die fiets kwam er wel.

En nog wel op zijn verjaardag.

Papa en mama hadden er een strik omheen gedaan.

Een grote rode strik.

Rood was Yogi's lievelingskleur.

Ze hoopten zeker dat Yogi de fiets dan wel leuk zou vinden.

En ja hij heeft keurig "dankjewel" gezegd.

Zo hoort dat.

Maar leuk was het niet, zeker niet!

Liever had hij een schepnet gekregen, dezelfde als Tobi heeft.

Zo'n grote waar je in de herfst van die zilveren springvissen

mee kan vangen.

Een week voor zijn verjaardag had hij het voor alle zekerheid, onder het

eten, nog een keer gezegd: "Ik wil zooo graag zo'n schepnet, als Tobi

heeft, voor mijn verjaardag!"

Blijkbaar hadden papa en mama het niet gehoord.

Tot op het moment dat hij de grote rode

strik zag had hij gehoopt op het schepnet.

Maar nee dus.

Het was de fiets geworden.

Een ellendige fiets en ook nog eens

groen in plaats van rood!

Als hij nu terugdenkt aan dat moment

voelt hij nog hoe de bubbels

in zijn buik zaten en niet meer verdwenen.

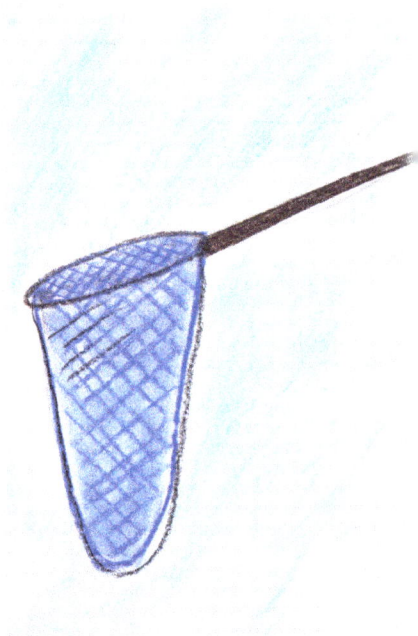

En wild dat ze waren! ze bleven de hele dag!

'S middags kwam de visite.

Tobi, Kali en Sari natuurlijk ook.

Sari had heel erg gelachen om de fiets, de kleine groene fiets

en vooral om de zijwielen!

Ze zei dat Yogi een baby was omdat hij nog niet kon fietsen.

Dat zij zelf al heel lang en heel goed kon fietsen en dat haar fiets

een mandje had.

Yogi wist nog precies hoe hij zich toen voelde.

Boos dat hij werd!

Alsof hem dat mandje wat kon schelen?!

En weer dat "OP-SCHEP-PEN"!

De bubbels in zijn buik werden alsmaar groter en groter.

Bubbel de bubbel de borrel ging het in zijn buik, steeds harder.

Het leek wel een vulkaan die ging uitbarsten.

Eigenlijk gebeurde dat ook.

Er was geen houden meer aan.

Want Yogi werd héél boos op Sari!

Zo boos dat hij ontzettende zin kreeg om

te schreeuwen.

De borrels eruit te schreeuwen!

En dat had hij gedaan.

HIJ HAD HEEL HARD TEGEN SARI

GESCHREEUWD!

"Ga weg! Met je stomme OP-SCHEP-PEN je mag niet meer op mijn feestje komen!"

"Jij bent stom!"

Natuurlijk had alle visite het geschreeuw van Yogi gehoord en iedereen zat vol verbazing naar hem te kijken.

Yogi?.. die normaal zo stil was?.. zo verlegen?

Sari was natuurlijk ook geschrokken.

Ze was heel hard gaan huilen en naar haar moeder gegaan.

Iedereen vond haar zielig.

Yogi moest "sorry" zeggen van mama.

Dat deed hij, maar hij meende er helemaal niks van.

Hij vond het niet eerlijk!

Hij had er geen spijt van.

Hij vond dat Sari "sorry" tegen hém moest zeggen!

Zij had hem uitgelachen! flauw en pesterig gedaan!

En nog wel op zijn verjaardag!

Bovendien:

OHHHH.. WAT VOELDE DAT HEERLIJK OM EENS EVEN LEKKER TE SCHREEUWEN!!

De bubbels eruit te schreeuwen!

Dat luchtte zo enorm op!

Natuurlijk begreep hij ook wel dat het niet netjes was om zo tegen je visite te doen.

Dat het zo niet hoorde maar het gebeurde gewoon!.

Hij kon er niks aan doen!

De vulkaan barstte uit!

Zijn vierde verjaardag was daarom een stomme verjaardag, vond Yogi.

's Avonds had mama gevraagd naar wat er gebeurd was.

Waarom hij zo boos was geworden op Sari?

Yogi had het hele verhaal verteld.

Eerst had mama geluisterd.

Daarna zei ze dat Sari het vast niet zo onaardig bedoeld had.

Ze zei dat, wanneer hij de volgende keer weer zoveel borrels in

zijn buik voelde, hij beter even tot 10 kon tellen.

Dat het dan vast wat rustiger zou worden in zijn buik.

Mama zei ook nog iets anders...

Ze zei:

**"Het zijn niet de dingen die gebeuren waardoor we van streek zijn,
het zijn onze gedachten die bepalen hoe we ons daarbij voelen"**

Yogi had niet begrepen wat mama daarmee bedoelde.

Maar hij was ook veel te moe om te luisteren en te praten.

Vogel zijn

Terwijl Yogi nog steeds bij de rivier was, en in gedachten was

afgedwaald naar het moment van zijn vierde verjaardag,

zat Stip nog op zijn schouder en luisterde.

Natuurlijk wist Stip allang van deze verjaardag.

Hij was er nota bene bij!

Stip begreep heel goed dat Yogi het geen fijne dag had gevonden.

Eerst de teleurstelling van het cadeau en daarna de woorden van Sari

die hem zo boos hadden gemaakt.

Stip vond het eigenlijk heel knap van Yogi dat hij tegen Sari had

geschreeuwd.

Niet om het schreeuwen natuurlijk maar wel omdat hij had laten

weten dat hij iets niet fijn vond.

"Dat is heel belangrijk", zei Stip.

"Niemand kan in jou hoofd kijken en ook niet in je buik"

"Een ander weet pas wat je wilt of voelt als je het vertelt"

had Stip uitgelegd.

Stip zei ook dat de tip van mama "om even tot 10 te tellen"

een goed idee was.

Alleen Stip noemde het anders....

Stip noemde het "vogel zijn".

"Wil jij een vogel zijn?" vroeg Stip.

"Voor altijd? " vroeg Yogi.

"Nee alleen op de momenten dat jij het wil" zei Stip.

Wauw!

Niets liever!

Yogi had heel zijn leven al vol ontzag gekeken naar die vliegende

beesten in de lucht.

Hij had zich wel eens voorgesteld hoe hij dan, op veilige afstand,

ook de grote vallei kon bewonderen.

Dus "JA" dat wilde hij wel!

"Goed" zei Stip.

"Dan spreken wij af dat, wanneer je wil, je een vogel mag zijn".

Yogi begreep er niks van.

Een vogel!?

Hoe kon hij met zijn grote lompe olifantenlijf een vogel zijn?

Hij had toch helemaal geen vleugels!?

"Wacht" zei Stip.

"Ik zal het uitleggen".

"Iedereen kan een vogel zijn".

"Groot, klein, jong, oud, dik en dun, iedereen dus".

"Je hoef niet te kunnen vliegen om een vogel te zijn".

"En je hebt geen vleugels nodig".

Even vond Yogi het nu een stuk minder leuk want juist het vliegen leek hem zo fijn!

"Je mag vliegen in gedachte".

"Dit vliegen is een soort van denken" ging Stip verder.

"Jij kunt toch denken?" vroeg Stip.

Ja, natuurlijk kon hij dat!

Dat deed hij elke dag.

Vooral bij rekenen.

Hmm, dit plan leek toch echt steeds minder leuk te worden.

Van denken werd Yogi meestal heel moe.

Bovendien vond hij het saai en moeilijk.

Stip begreep dat wel.

Hij vertelde dat veel kinderen geloven dat denken vooral bij moeilijke of vervelende dingen hoort.

En dat hij dat vroeger zelf ook dacht.

"Toch is dat niet waar" zei Stip.

"Denken kan heel fijn zijn, je hebt het nodig en het helpt je om iets te leren."

"Door aan fijne dingen te denken, kun je je fijn gaan voelen".

"Want je fijn voelen is **TOP!**" zei Stip.

Oké, dat klonk wel goed, moest Yogi bekennen.

Hij merkte zelfs dat hij Stip echt aardig begon te vinden.

Stip begreep hem, luisterde naar hem en probeerde hem nog

te helpen ook.

Dus dit was wat ze met vriendschap bedoelde !?

De avondzon zakte langzaam en raakte de punt van de hoge rots.

Een teken voor Yogi dat de dag ten einde liep en de kudde de weide

zou gaan verlaten.

"Ik moet gaan" zei Yogi.

"Maar hoe moet dat nu met ons en wanneer mag ik dan vliegen?"

"Oh dat komt goed" zei Stip.

 "Ik beloof je dat we elkaar snel weer zien".

Yogi, inmiddels moe en hongerig, zocht zijn moeder en de rest

van de kudde weer op.

Ze sjokte huiswaarts.

Nadat Yogi thuis zijn buikje had gevuld volgde het bedritueel en

viel hij in een diepe slaap.

Scheetjesmiddag

De volgende ochtend was Yogi, net als altijd, vroeg wakker.

Direct schoot de ontmoeting met Stip door zijn hoofd.

Had hij dit alles vannacht gedroomd?

Of was het echt waar dat hij gister op de weide een rode stip

had ontmoet?

Een stip die hem zou gaan leren een vogel te zijn?

De stip waar hij eerst bang voor was maar die een vriend bleek te zijn.

En hoe fijn en vertrouwd die vriendschap nu al voelde.

Hij had dit alles nog niet gedacht of

".....goedemorgen…" hoorde hij.

Daar op zijn nachtkastje zat Stip!

Het was dus geen droom!

Stip was echt en Yogi was

gelijk goed wakker.

"Mag ik vandaag een vogel zijn?"

vroeg hij opgewonden van

spanning en enthousiasme.

"Nou nou " zei Stip met een glimlach op zijn kleine vrolijke snuit.

"Ik ben blij dat je er zin in hebt maar zo snel gaat dat niet"

"Waarom niet?" vroeg Yogi ietwat teleurgesteld?

"Omdat we eerst gaan oefenen want oefenen helpt je om iets te leren"
zei Stip.

"Hè bah" zei Yogi "oefenen".

"Net zoals met fietsen?"

"Ja zoiets" zei Stip.

"Dan wil ik het niet hoor" zei Yogi "oefenen is niet leuk".

"Jawel hoor".

"Oefenen is leuk als jij wil dat het leuk is" zei Stip overtuigend.

Plotseling dacht Yogi aan de woorden die zijn moeder hem op
de avond van zijn vierde verjaardag had gezegd...

"het zijn niet de dingen die gebeuren waardoor we van streek zijn,

 het zijn onze gedachten die bepalen hoe we ons daarbij voelen".

"Wil jij dat oefenen niet leuk is?" vroeg Stip.

"Hoezo? wat bedoel je?" vroeg Yogi.

"Ik zal het uitleggen" zei Stip.

"Jij denkt dat oefenen niet leuk is omdat je dan aan fietsen denkt".

"Je kunt ook denken aan alle keren dat oefenen wel leuk was".

"Zoals die keer dat mama je leerde pannenkoeken bakken,

of alle keren dat je met papa voetbalde, dat ging ook niet

gelijk vanzelf, daar heb je heel veel voor geoefend".

"Tja dat is waar" dacht Yogi.

"Laten we beginnen met oefenen" zei Stip.

"We vliegen als een vogel en gaan even naar die gedachte kijken"

"Huh???" zei Yogi.

"Naar je gedachten kijken??" daar had Yogi nog nooit van gehoord.

Papa had hem wel geleerd hoe hij naar wolken kon kijken.

JA! dat was leuk!

In gedachte dwaalde Yogi af naar die middag...

Het was voorjaar want de zon stond nog laag en het gras was

vers groen en sappig.

Nog niet zo dor en droog als in de zomer.

Hij weet nog hoe ze samen op hun rug in het gras lagen en de

slappe lach hadden omdat papa steeds scheetjes liet.

"Dat kwam door het verse gras" had papa gezegd.

"Daar moest zijn buik (zogenaamd) ieder voorjaar weer even

aan wennen".

Yogi wist niet of dat waar was, maar hij vroeg er niet naar,

want scheetjes vond hij grappig.

Wolken kijken samen met papa vond Yogi fijn.

De wolken zagen er deze middag zo zacht en donzig uit.

Je kon er de meest bijzondere vormen in zien.

Meestal zag Yogi er dieren in.

Zijn record was op scheetjesmiddag behaald!

Twee dino's, een beer, een eend, een vis, twee krokodillen en

een draak waren het eindresultaat van deze fijne middag.

Deze manier van kijken naar wolken had Yogi van papa geleerd.

Eigenlijk was dat ook een soort oefenen.

Fn dat was heel fijn.

Maar hoe kon je nou naar je eigen gedachten kijken?

Daar begreep Yogi nog helemaal niks van.

Het lukte

"Luister" zei Stip.

"Ik zal je leren hoe je naar je gedachten kunt kijken".

"Ben je er klaar voor?" vroeg Stip.

"Ja ja ja!!" zei Yogi die ondertussen wat ongeduldig begon te worden en niet meer stil kon blijven zitten.

"Dan mag je je ogen dicht doen" zei Stip.

"Ogen dicht doen?" dacht Yogi.

"Dat wil ik niet".

"Van ogen dicht doen word ik moe" zei Yogi.

"Ik begrijp dat je dat denkt" zei Stip.

"Vaak als we onze ogen dicht doen is dat omdat we gaan slapen, dus het is logisch dat je dat denkt".

"Maar je kunt ook je ogen dicht doen zonder dat je gaat slapen".

"Kijken met je ogen dicht is kijken naar wat je denkt" zei Stip.

"Aha!" zei Yogi.

"Net als een fantasietje?"

"Ja net als een fantasietje" herhaalde Stip.

"Doe je ogen maar dicht en denk eens aan hoe jij er graag uit zou willen zien als vogel".

"Welke kleur heb je?"

"Heb je vlekken, stippen of is je verendek egaal?"

"Welke vorm heeft je snavel?"

"En heb je misschien een kuif?"

"Ben je een grote vogel of juist heel klein?"

"Alles mag!"

"Het is jou vogel en jij bepaalt hoe je eruit ziet".

Probeer het maar.

Even was het stil…

"Zie je jezelf als vogel?" vroeg Stip.

"......." Het bleef nog even stil.

"JA…JA..!! ik zie me!!" zei Yogi.

Zo blij van opwinding dat hij gelijk zijn ogen weer open deed.

"Whahaha..!!" Yogi en Stip moesten er beide zo hard om lachen dat hun

bolle buikjes heen en weer schudde van plezier.

"JOEPI !! JOEPI !! JOEPI !!" riep Yogi verrukt!!

 "HET LUKTE!! HET LUKTE !! IK KAN HET !!"

"Goed gedaan!! fijn !!" zei Stip.

Hij was net zo blij over dit succes als Yogi zelf.

"Dat doen we nog een keer maar dit keer houd je je ogen dicht".

"Goed" zei Yogi en hij sloot zijn ogen opnieuw.

"Denk maar weer aan je vogel" zei Stip.

"Aan je mooie kleuren, aan hoe jij er uit ziet als vogel".

Even weer een stilte ...

"Zie je hem?" vroeg Stip.

Bang om het beeld te verliezen durfde Yogi geen antwoord te geven.

Hij knikte voorzichtig met zijn hoofd maar hiel zijn ogen stijf dicht.

"Fijn, goed zo" zei Stip.

"Dan gaan we nu eens kijken of die vogel van jou kan vliegen".

"Ja leuk!" dacht Yogi verrukt! en weer floepte als vanzelf zijn ogen open.

"OW nee!" zei Yogi dit keer toch een beetje teleurgesteld.

"Het gaat niet".

"Ik kan het niet".

"Mijn ogen gaan steeds weer open" zei Yogi.

"Oh dat geeft niet hoor, dat hoort erbij".

"Dat had ik in het begin ook" stelde Stip hem gerust.

"Je doet het hartstikke goed!"

"En weet je?" vroeg Stip.

"Hoe vaker je dit oefent hoe makkelijker het gaat,

net als met wolken kijken".

"Ik zal je zelfs een verassing vertellen" zei Stip.

"Als je dit vaak genoeg gedaan hebt, kun je straks zelfs een vogel zijn

met je ogen open!

Dat leek Yogi veel fijner.

Je ogen dicht houden is best moeilijk.

Daarbij zou het ook veel handiger zijn als hij gewoon zijn ogen open kon houden.

Hij zag voor zich hoe iedereen de hele dag met zijn ogen dicht liep en tegen elkaar aan botste.

Nee, dat was niet handig.

"Komt vanzelf" zei Stip.

Voor de derde keer sloot Yogi zijn ogen en nu nog sneller dan de vorige keer kon hij zichzelf als vogel voor zich zien.

Zo makkelijk was het dus.

Je dacht aan iets en hoe vaker je er aan dacht hoe makkelijker en sneller het lukte.

Dit keer zag Yogi zichzelf als vogel in de zon, de frisse voorjaarszon, bovenop de hoge rots op de grote vallei.

"WAUW!" de vallei.

Hij was er natuurlijk nog nooit geweest maar toch zag hij alles voor zich!.

Wat een prachtig uitzicht!!

Dit moest wel zijn wat Len met "cool" bedoelde.

Dat kon niet anders!

Zo'n machtig en sterk gevoel had Yogi nog nooit gehad.

Dat terwijl hij normaal altijd een beetje bang was op hoogtes.

Daar stond Yogi.

Op de rots, in de vallei, als een vogel, met een "cool" gevoel!

 "Sla je vleugels maar uit" zei Stip "vlieg maar".

Yogi spreidde zijn vleugels, nam een sprong en……

liet zich meevoeren op de wind.

Wat was dat heerlijk!

Zo zwevend boven de vallei had hij blije kriebels in zijn lijf van

spanning en plezier.

Hier zou hij wel voor altijd willen blijven.

TOP!

Terwijl Yogi zo heerlijk vloog, duikelde op de golven van de wind en genoot van zijn eerste vliegles, genoot Stip ook.

Hij zag aan de glimlach op Yogi's mond hoe fijn Yogi het vond.

"Blijf lekker verder vliegen en kijk eens even wat je allemaal ziet".

"Of je jezelf als olifant ergens ziet?"

"En zie je ook anderen olifanten uit de kudde?"

"Ja ja" Yogi zag van alles zo hoog vanuit de lucht.

Hij zag zijn vader op de vallei en zijn moeder op de weide.

Hij zag Sari, Kali en Tobi die slurfje-tik deden en zag ook zichzelf op zijn groene fiets.

Stip zag dat de glimlach op de mond van Yogi plotseling verdween.

"Wat zie je ? " vroeg Stip.

"Mijzelf" zei Yogi "op mijn groene fiets".

"En ik voel weer heel veel bubbels in mijn buik".

"Ik begrijp het" zei Stip.

"IK BEGRIJP HET?!" herhaalde Yogi de woorden van Stip verbaasd.

"Jij begrijpt er helemaal niks van!"

"Jij hebt makkelijk praten".

"Jij hebt dat vervelende gevoel niet".

"Ik dacht dat jij mijn vriend was? dat je te vertrouwen was?"

"Jij zou me leren een vogel te zijn zodat ik me **TOP!** zou voelen maar nu voel ik me weer vervelend" zei Yogi boos en verdrietig tegelijk.

Als vanzelf kwamen de tranen, ze rolde over de bolle roze wangen van Yogi.

Even was het stil in de kamer …

"Vogel zijn betekent niet dat je je alleen maar fijn voelt" zei Stip.

"ook ik heb soms een vervelend gevoel in mijn buik,

dat heeft iedereen wel eens, zelfs Len!"

"Vogel zijn betekent dat je leert kijken naar de dingen die gebeuren om vervolgens zelf te beslissen hoe je daarover wil denken, want dat geeft een **TOP!** gevoel".

Weer dacht Yogi aan de woorden van zijn moeder:

"het zijn niet de dingen die gebeuren waardoor we van streek zijn,

het zijn onze gedachten die bepalen hoe we ons daarbij voelen"

Ondertussen begon Yogi steeds beter te begrijpen wat zijn moeder ermee bedoeld had.

"Aha" zei Yogi.

"Dus dat vervelende gevoel is eigenlijk meer een hulpje om een vogel te zijn en om ergens even rustig over na te denken?"

Zo had Yogi het nog nooit bekeken maar het klonk wel fijn.

Het vervelende gevoel was al pratend langzaam afgezakt en

de tranen gestopt.

"Kom" zei Stip.

"We gaan lekker een potje vliegen en ik vlieg met je mee!"

"Laten we samen eens even kijken naar hoe dapper jij daar op je

groene fiets zit".

Yogi sloot zijn ogen en zag zichzelf op zijn fiets.

Hij zag hoe bang hij was en allerlei bange gedachten had.

Bang om te vallen, zich te bezeren, bloed te hebben of misschien zelfs

een poot te breken. Hij voelde de vervelende bubbels in zijn buik.

"Als ik me bang of onzeker voel" zei Stip.

"Denk ik aan **TOP!**".

"Dan voel ik mij **TOP!**".

"Mij **TOP!** voelen doe ik zo: " zei Stip.

Test:

-is het waar wat ik denk?

Onderzoek:

-vind ik deze gedachte fijn?

-helpt deze gedachte mij?

-wat vind ik wel een fijne gedachte?

Pas toe:

-ik denk aan deze fijne gedachte

"We beginnen bij de **T**" zei Stip.

"Is het waar dat je valt?".

"Is het waar dat je je dan heel zeer doet en bloed hebt?.

"Klopt het dat je, wanneer je valt, een poot breekt?

Yogi dacht even na.

"Tja, als je het zo zegt" zei Yogi.

"Ik val inderdaad maar heel zelden"

"De keren dat ik ben gevallen had ik even pijn maar dat was
zo weer over".

"Soms een blauwe bult maar ik had geen bloed en ook geen
gebroken poot".

"Precies!!" zei Stip!

"Je gedachte is niet waar, hij klopt niet!"

"Je maakt je zorgen over iets dat heel waarschijnlijk niet gaat gebeuren?

"Dan de **O**" zei Stip.

"Vind je het fijn om te denken dat je zo gaat vallen en je zeer gaat doen?"

"Helpt deze gedachte je?"

Hier hoefde Yogi niet over na te denken.

"Nee natuurlijk niet!" zei hij volmondig.

"Ik word er juist bang van!"

"Aha!" zei Stip.

"Je denkt dus iets waar je niks aan hebt!?"

"Laten we afspreken dat je dat niet meer doet!" zei Stip lachend!

"Waarom zou je iets denken wat je niet fijn vindt en wat je niet helpt?!"

Tja, dat was inderdaad een beetje gek, gaf Yogi toe.

Hij kon er nu zelf ook om grinniken.

"Zou er een andere gedachte zijn die je wel fijn vindt en die je wel helpt?" vroeg Stip.

Yogi dacht er even over na en al snel wist hij wel iets!

"Papa en mama hebben gezegd dat als ik zelf kan fietsen, dat ik dan op de fiets naar de weide mag!! " zei Yogi trots.

Toen hij dat zei verscheen er een GROTE glimlach op zijn snuit.

"He, kijk nou eens! " zei Stip.

"Je lacht er zelfs bij!"

"Dat betekent dat je niet alleen heel goed een blije gedachte kunt bedenken, maar dat het je ook een blij gevoel geeft? "

"Dat is leuk!" zei Stip.

"Want dat is de **P** !"

Stip had gelijk.

Yogi voelde zich veel fijner.

Hij leek te gaan begrijpen wat Stip bedoelde.

Als je **TOP!** denkt, ga je je **TOP!** voelen!

"Maar uhh…" zei Yogi, die toch wel wat verbaasd was.

Hij had niet gedacht dat het zo gemakkelijk zou gaan.

"Werkt dat altijd?"

"JA" zei Stip.

"Altijd!"

"Niet altijd metééén".

"Soms hebben je gedachten even wat tijd nodig om het te gaan geloven".

"Gedachtes zijn soms een beetje eigenwijs" grinnikte Stip.

"Maar als je het vaak herhaalt gaan zelfs heel eigenwijze gedachten je vertrouwen"!

WAUW…Yogi was er even stil van.

Hoe fijn is dit!

Deze ontdekking betekende dat hij zelf kon beslissen hoe hij ergens over wilde denken.

Dat vervelende gedachte hem een vervelend gevoel gaven.

Dat blije gedachte hem vrolijk maakten.

Dat wilde hij wel!

Hierdoor voelde hij zich nog fijner en heel trots!

Yogi sprong blij op en neer op zijn bed!

"FIJN, FIJN ! " riep hij uit.

Plotseling ging de deur van Yogi's slaapkamer open en stond mama in de deuropening.

"Wat ben jij aan het doen!?" vroeg ze vol verbazing.

Geschrokken keek Yogi zijn moeder aan want natuurlijk wist hij dat springen op het bed niet mocht!

Even dacht hij van de schrik iets in zijn buik te voelen maar dat was: HONGER!!.

Van dat vliegen als een vogel om je **TOP!** te voelen had hij enorme zin gekregen in een: GROOT SMAKELIJK ONTBIJT!.

Yogi sprong van het bed in zijn moeders armen.

Hij gaf haar een dikke knuffel.

Mama lachte gelukkig alweer "gekkie" zei ze.

En ze kuste hem op zijn zachte roze slurf.

Zo gebeurde het dat Yogi vanaf die dag kon vliegen als een vogel.

Elke keer als hij zich onzeker of bang voelde keek hij als een vogel op

een afstand naar de gebeurtenis en zijn gedachten.

Hij oefende en leerde.

Hij ontdekte dat wanneer er iets gebeurde, waar hij zich niet fijn

bij voelde, dat het dan vaak zijn eigen gedachten waren die het

vervelende gevoel veroorzaakte.

Steeds beter lukte het hem om fijne/helpende gedachten te bedenken

om zich **TOP!** te voelen.

Maar hoe zit het met fietsen? vraag je je misschien af?

Fietsen kan Yogi inmiddels als de beste.

Zijn kleine groene fiets heeft zelfs plaats gemaakt voor een grote RODE!

En Stip?

Stip is apetrots op Yogi.

Vaak zitten ze samen wat te babbelen bij de beek.

De beek op de weide waar het allemaal begon.

De plek die binnenkort wordt ingeruild voor een plek bij het

grote blauwe meer op de Vallei.

Yogi is er klaar voor, hij heeft er zin in!

Hij voelt zich sterk.

Yogi en Stip voelen zich **TOP!**

www.ingramcontent.com/pod-product-compliance
Lightning Source LLC
Chambersburg PA
CBHW062334150426

42813CB00078B/2807